www.ingramcontent.com/pod-product-compliance
Lightning Source LLC
Chambersburg PA
CBHW071422070526
44578CB00003B/655
* 9 7 8 1 9 5 4 0 1 5 0 3 6 *